သန့်ရှင်းရေးလုပ်ကြရအောင်

ရေးသားသူ – Library For All

သရုပ်ဖော် – Marcy Marasigan နှင့် Jovan Carl Segura

Library For All Ltd.

ရှုပ်ပွနေတာပဲ

ဟယ် မစားနဲ့

ရှုပ်ပွနေတာပဲ

๘

ဟယ် မသွားနဲ့

သန့်ရှင်းရေးလုပ်ကြရအောင်

ဒါကို ဒီမှာထည့်

ဒါကို ဒီမှာထည့်

ဒါကို ဒီမှာထည့်

๑๘

ပိုကောင်းသွားပြီ

သင်၏ မိသားစုများ၊ မိတ်ဆွေများ၊ ဆရာများနှင့်
ဤစာအုပ်အကြောင်း ဆွေးနွေးပြောဆိုရာ၌
အောက်ပါမေးခွန်းများကို အသုံးပြုနိုင်သည်။

ခွေးက ဘာလုပ်နေလဲ။

ခွေးရဲ့ အပြုအမူက မှားနေတယ်လို့
သင်ဘာကြောင့်ထင်တာလဲ။

သန့်ရှင်းတဲ့လမ်းဖြစ်ရင် ပိုကောင်းမယ်လို့
သင်ဘာကြောင့်ထင်တာလဲ။

အမှိုက်တွေရှုပ်ပွနေတာကို မြင်ရတဲ့အခါ
သင်ဘယ်လိုခံစားရလဲ။

သင်နေတဲ့နေရာတဝိုက်ကို လမ်းလျှောက်ထွက်ကြည့်ပါ။
ဒီစာအုပ်ထဲက ဇာတ်ကောင်လေးတွေလိုပဲ သင်တွေ့တဲ့
အမှိုက်တွေကို ကောက်ပြီး အမှိုက်ပုံးထဲထည့်ပါ။

ကျွန်ုပ်တို့၏ စာဖတ်သူအက်ပ်ကို ဒေါင်းလုဒ် ရယူလိုက်ပါ။
getlibraryforall.org

ပါဝင်ဆောင်ရွက်သူများအကြောင်း

Library For All သည် လူငယ်စာဖတ်သူများအတွက် ခြားနားသော၊ ဆီလျော်ပြီး အရည်အသွေးမြင့်သော ပုံပြင်ဇာတ်လမ်းများကို ဖန်တီးရန်အတွက် ကမ္ဘာတစ်ဝှမ်းမှ စာရေးဆရာများ၊ သရုပ်ဖော်သူများနှင့်အတူ ပူးပေါင်းဆောင်ရွက်ပါသည်။

စာရေးဆရာများ၏ အလုပ်ရုံဆွေးနွေးပွဲအစီအစဉ်များ၊ ပေးပို့မှုလမ်းညွှန်များနှင့် အခြားဖန်တီးမှုအခွင့်အလမ်းများအတွက် နောက်ဆုံးရသတင်းများ သိရှိနိုင်ရန် libraryforall.org သို့ ဝင်ရောက်ကြည့်ရှုနိုင်ပါသည်။

ဒီစာအုပ်က ဖတ်လို့ကောင်းလား။

ရွေးချယ်ဖတ်ရှုရန်အတွက် စနစ်တကျ ကောက်နုတ်စုစည်းထားသော မူရင်းပုံပြင် နောက်ထပ်ရာပေါင်းများစွာ ရှိပါသည်။

နေရာဒေသမရွေးရှိ ကလေးငယ်များ ပျော်ရွှင်ချမ်းမြေ့စွာ စာဖတ်နိုင်ရေးအတွက် စာရေးဆရာများ၊ ပညာသင်ကြားသူများ၊ မလေ့ထုံးစံအကြံပေးများ၊ အစိုးရများနှင့် ပရဟိတအဖွဲ့အစည်းများနှင့် ကျွန်ုပ်တို့ ပူးပေါင်းဆောင်ရွက်ပါသည်။

မိတ်ဆွေ သိပါသလား။

ကျွနုယ်ပယ်တွင် ကမ္ဘာအနှံ့အကျိုးသက်ရောက်မှု ရှိစေရန်အတွက် ကုလသမဂ္ဂ၏ စဉ်ဆက်မပြတ် ဖွံ့ဖြိုးတိုးတက်ရေး ရည်မှန်းချက်ကို လက်ကိုင်ပြုပြီး ကျွန်ုပ်တို့ဖန်တီးဆောင်ရွက်ပါသည်။

သင်ဖတ်နေတဲ့စာအုပ်က သင်ယူသူ အဆင့် ဖြစ်ပါတယ်။

သင်ယူသူ – အခြေခံ စာဖတ်သူ

စကားလုံးအတိုများ၊ ဖွဲ့ဖြိုးစေမည့်အတွေးအခေါ်၊ ရုပ်ပုံအများအပြားနှင့်တကွ
သင်၏ စာဖတ်ခြင်းခရီးစဉ်ကို စတင်လိုက်ပါ။

အဆင့် ၁ – စတင်ဖွံ့ဖြိုးအဆင့် စာဖတ်သူများ

စကားလုံးအသစ်များ၊ ရိုးရှင်းသော ဝါကျများ၊ စိတ်ဝင်စားဖွယ်ကောင်းသော
ရုပ်ပုံများနှင့်အတူ သင်၏ စာဖတ်စွမ်းရည်အဆင့်ကို တိုးမြှင့်လိုက်ပါ။

အဆင့် ၂ – စိတ်ထက်သန်သော စာဖတ်သူများ

ရင်းနှီးသော စကားလုံးများဖြင့် တည်ဆောက်သော ဝါကျရှည်များနှင့်အတူ
သင့်စာဖတ်ချိန်ကို ခံစားပျော်ရွှင်လိုက်ပါ။

အဆင့် ၃ – တိုးတက်လာသော စာဖတ်သူများ

ဉာဏ်မြှူးဖွယ် ပုံပြင်များ၊ အနည်းငယ်ခက်ခဲသော ဝေါဟာရများနှင့်အတူ
သင့်စာဖတ်စွမ်းရည်ကို တိုးမြှင့်လိုက်ပါ။

အဆင့် ၄ – သွက်လက်သော စာဖတ်သူများ

မြူးတူးဖွယ်ရာများ၊ စကားလုံးအသစ်များ၊ ပျော်ရွှင်ဖွယ် အကြောင်းချက်များနှင့်အတူ
သင့်စာဖတ်စွမ်းရည်ကို ထပ်မံတိုးမြှင့်လိုက်ပါ။

အဆင့် ၅ – မြင်သိချင်စိတ်ရှိလာသော စာဖတ်သူများ

သိပွံနှင့် ပုံပြင်များမှတစ်ဆင့် သင့်ဝန်းကျင်ကို စူးစမ်းရှာဖွေလိုက်ပါ။

အဆင့် ၆ – စွန်စားခန်းဖွင့် စာဖတ်သူများ

သိပွံနှင့် ပုံပြင်များမှတစ်ဆင့် သင့်ဝန်းကျင်ကို ရှာဖွေစူးစမ်းလိုက်ပါ။

www.ingramcontent.com/pod-product-compliance
Lightning Source LLC
Chambersburg PA
CBHW042347040426
42448CB00019B/3441